塩ひとつまみ それだけでおいしく

荻野恭子

女子栄養大学出版部

はじめに

「塩ひとつまみ」の感覚がつかめると、料理が自由自在に作れるようになり、楽しくなります。

塩の魅力は無限大。その奥深さに引き寄せられるように、塩は私のライフワークとなり、料理のメインテーマになりました。

私が考える料理のおいしさは、「素材＋塩＋水」が基本。素材の持ち味をきちんと引き出すことができれば、ほんの少しの塩と水だけで驚くほど深い味わいが生まれます。これはもう世界に共通するグローバルな味です。

塩を使いこなせるようになったら料理は変わります。でも、料理人の世界でも「塩ふり3年」といわれるように、塩の使い方はとても繊細で、むずかしいものです。

そこで、この本でお伝えする料理は、すべて「塩ひとつまみ」としました。指先で塩をつまんだ手ざわりは、舌で感じた味覚とつながって記憶に残ります。自分でその感覚がつかめるようになれば、余分な塩を使わずとも、だれでも迷うことなく簡単においしい料理を作れますよ。

私はこれまで65か国以上を訪れて、旅をしながら料理を教わってきましたが、料理じょうずな人たちのほとんどは計量カップや計量スプーンを使いません。特に家庭料理はみんな「手ばかり」です。

料理って、数字じゃなくて体で感じとるところがあるんですよ。だって、そもそも料理は一期一会のものでしょう。同じ料理を作るにしても、毎回まったく同じ食材がそろうわけではありませんし、自分の体調によっても感じ方は変わります。手ばかりができると、塩をちょっと増やしたり、減らしたりして、そのときいちばんおいしい加減にできるんです。

だからといって、計量の道具が必要ないとは思っていません。手ばかりと道具を使う計量と、両方わかっているといい。仕事が早く、楽になります。そして、運動といっしょで、体が一度覚えたことは忘れません。

料理は毎日続くものですから、楽に作れるということも大事です。今年102歳になった母を見ても、私自身をふり返ってもそう思います。この本で「塩ひとつまみ」がどれぐらいなのか感覚をつかみ、毎日おいしい料理を作っていきましょう！

「塩ひとつまみ」の料理は、こんな料理です

「塩ひとつまみ」で多彩な味わい

この本で紹介する料理は、すべて「塩ひとつまみ」で味つけが完成します。塩だけでも、和食、洋食、エスニックと多様なジャンルの料理が作れます。素材の味を引き出して砂糖やスパイスを効果的に使えば、同じような味なんて1つもありません。

おいしさを引き出す決め手はタイミング

通常なら何度かに分けて塩を加えるところを、わかりやすく1回としました。省ける塩は省き、どこで塩を使うのが効果的か、考えに考えた究極のタイミングです。どの段階でなにに塩をふるのか、意識しながら作って味わってみてください。

ほどよい塩味。とりすぎません

「塩をとりすぎるのでは?」と心配する人もいるかもしれませんが、だいじょうぶ。それは、どんなにがんばっても、指でたくさんの塩はつまめないからです。そして塩を使うのは1回だけなので、低塩の料理がほとんどです。

「塩ひとつまみ」はこれぐらい

塩の種類や手の大きさによって、「つまみやすい」「つまみにくい」の差があります。一度、自分の「塩ひとつまみ」が何gなのか計ってみましょう。

ちょっと少なめに

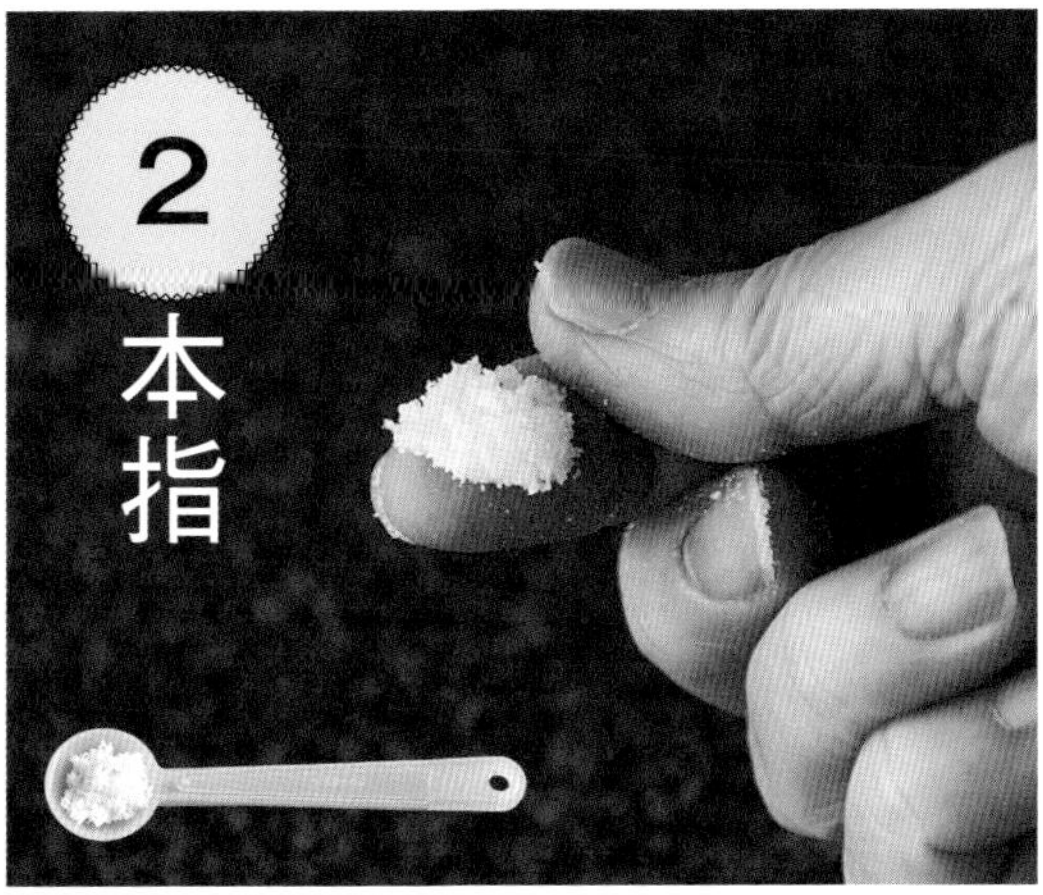

1mL の計量スプーンに半分ぐらい。

親指、人差し指の2本
0.5g目安（3本指の塩の約半分）

野菜の甘さを引き立てるための塩などは、3本指の塩よりも少なくてよい。

基本のひとつまみ

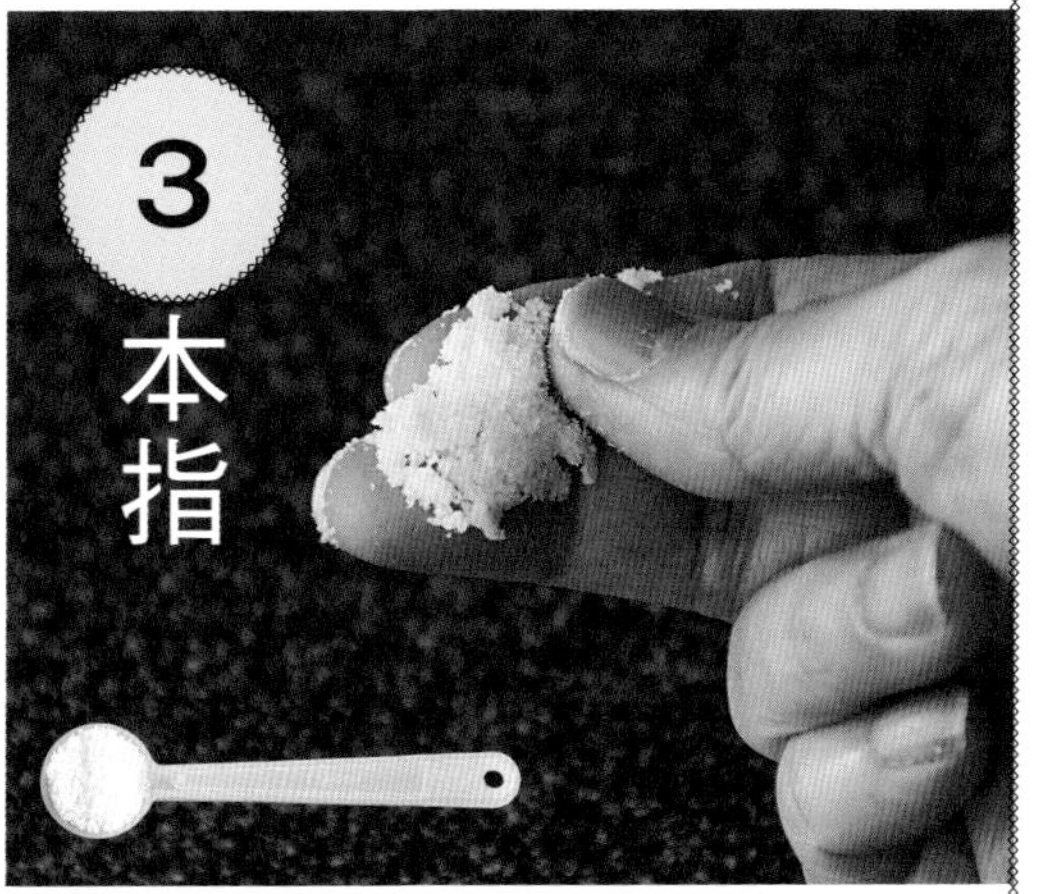

1mL の計量スプーンに 1 杯分。

親指、人差し指、中指の3本
1g目安（0.8～1.2g）

2～3人分の料理の多くは、この3本指の塩で調味できる。

ちょっと多めに

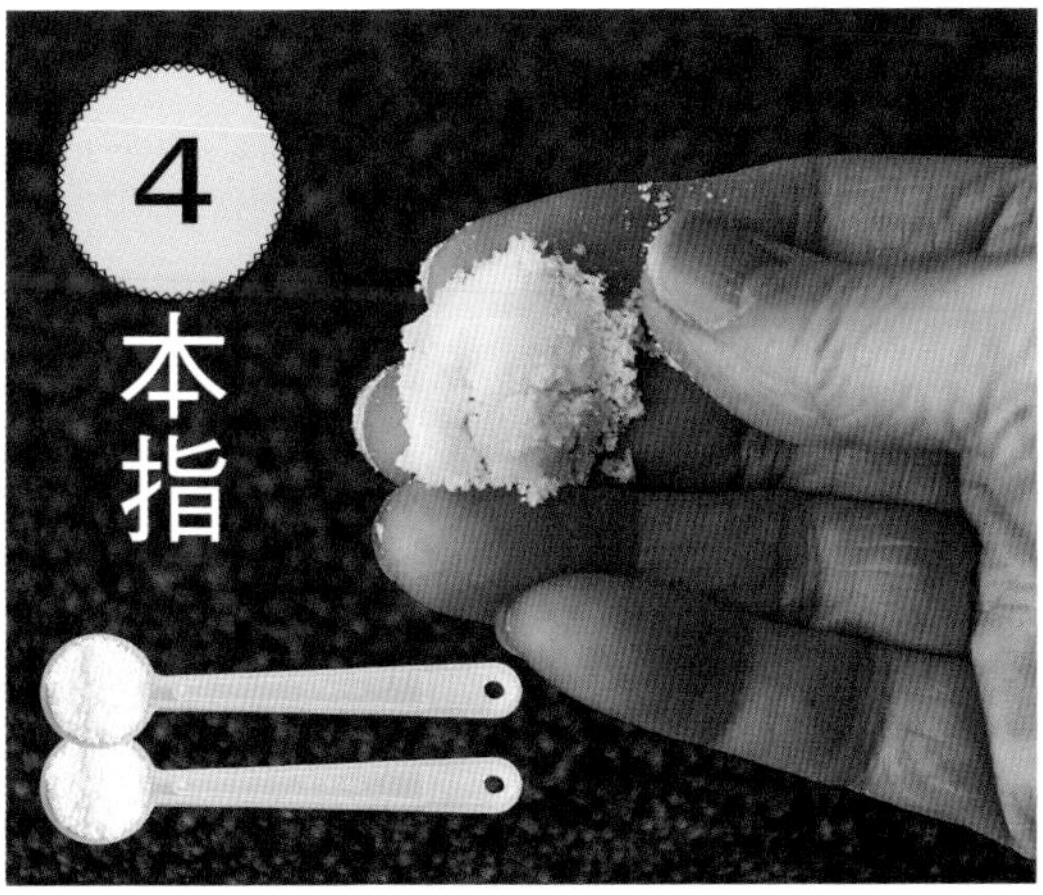

1mL の計量スプーンに2杯分。

親指、人差し指、中指、薬指の4本
2g目安（3本指の塩の約2倍）

汁が多い煮物やスープなどは、薬指を添えて3本指の塩よりも多めにつまむ。

目次

4 焼く・いためる 52

香ばしい焼き色とこく

5 煮る 70

煮汁にとけ込む奥行きのある味

フレーバー塩 88

本書のレシピの見方

- 肉、魚介、野菜、果物など食品の重量は、特に記載のない場合は、皮や骨、殻、芯、種など、食べない部分を除いた正味重量の目安です。
- 1カップ=200mL、大さじ1=15mL、小さじ1=5mLです。
- 「塩ひとつまみ」の目安については、5ページをご参照ください。
- 電子レンジの加熱時間は目安です。お使いの機種に合わせて加減してください。
- 火加減は、記載のない場合は、すべて弱めの中火で火にかけてみて、調理中の状態と仕上げたい状態から判断して調節してください。じっくり香りを出したいときや焦げ目をつけたあとにじっくり火を通したいときには弱火、短時間で水分を飛ばしたいときには中火や強火がよいでしょう。
- 本書では、とうがらしは「あらびきとうがらし」と「粉とうがらし」で使い分けています。家にあるとうがらし系調味料（チリペッパー、チリパウダー、一味とうがらし、韓国とうがらしなど）をお好みでお使いください。

1 生

フレッシュな香りと食感

栽培や保存の技術が進んだ今、苦労しなくても一年じゅう手に入る食べ物が増えました。でも、やっぱり本来の旬の時季に食べるおいしさは格別です。生で食べるものは特に旬を感じますよね。季節ごとにいろいろな食材を楽しめるのはとても豊かなことだと思います。

生といえば魚のお刺し身。しょうゆで食べる刺し身はおいしいけれど、しょうゆの味はどうしても素材とかぶさってしまいます。素材の風味をちゃんと味わうなら、おすすめは塩です。魚自体が持っているうま味や塩けは、ひとつまみの塩によってよりきわ立ちます。

生の野菜に塩をふるときは、できるだけ食べる直前にします。時間がたつと野菜から水分が出てしまうからです。また、水洗いした野菜はしっかり水けをふきとることが基本です。生でも食べられる野菜や果物は、それぞれの味わいがフレッシュで、個性豊か。塩は、全体の味をまとめて料理に一体感を持たせてくれます。

カツオと香味野菜の塩サラダ

旬の刺し身を味わうなら、塩がおすすめ！
4～5月にとれる初ガツオはさっぱり。
江戸っ子たちも飛びついたといいますね。
一方、8～9月にとれる戻りガツオは
脂がのって、こってりとした味わいです。
香味野菜とにんにくもいっしょに口の中へ。

材料　2人分

カツオ（刺し身用さく）…200g
a［玉ねぎ…1/8個（25g）
　青じそ…5枚
　みょうが…1個
　しょうが…1かけ
にんにく…1かけ
オリーブ油…大さじ1
塩…③本指でひとつまみ

作り方

下準備

カツオは8㎜厚さのそぎ切りに、aはせん切りに、にんにくは縦半分に切って薄切りにする。

仕上げ

器の中央にaを盛り、そのまわりにカツオを並べる。にんにくをカツオの上にのせ、オリーブ油をまわしかけ、カツオに塩をふる◀。

塩は全体ではなく、カツオにふることで刺し身の味がしっかり感じられる。

「セビーチェ」というと、
どんな料理？
と思うかもしれませんが、
シンプルな魚介のマリネです。
本場、南アメリカの味をイメージして
ライムを使いましたが、
レモンやかぼすなど
手に入りやすい素材でOK。
料理は一期一会。
あるものを生かして
臨機応変に楽しみましょう。

ホタテのセビーチェ

材料　2人分

- ホタテ貝柱（刺し身用）…大3個（150g）
- 紫玉ねぎ…1/6個（30g）
- ピーマン…1個（30g）
- トマト…小1個（150g）
- 塩…③本指でひとつまみ
- ライム果汁…1個分
- 香菜《しゃんつぁい》（刻む）・あらびきとうがらし（好みで）…各適量

作り方

下準備

ホタテは大きければそぎ切りに、紫玉ねぎとピーマンはみじん切りにし、トマトはさいの目に切る。

混ぜ合わせる

ボールにホタテと紫玉ねぎ、ピーマン、トマトを入れ、塩をふり、ライム果汁をかけて混ぜ合わせる◀。

ざっくり混ぜ合わせて、全体に味をよくなじませる。

仕上げ

器に盛り、香菜を散らしてとうがらしをふる。

ゴーヤーを「パニール」というチーズであえたインドの料理をヒントにしました。
日本では沖縄料理の印象が強いゴーヤーですが、原産地はインドなんですよ。
苦味のあるゴーヤーに、歯ざわりのいい豆、まったりとしたチーズと、個性豊かな食材たちを塩で一つにまとめます。

ゴーヤーとミックスビーンズのカテージチーズあえ

材料　2人分

- ゴーヤー…½本（120g）
- ミックスビーンズ（缶詰め）…50g
- カテージチーズ…100g
- 粒入りマスタード…大さじ½
- 塩…3本指でひとつまみ
- オリーブ油…小さじ2

作り方

下準備

ゴーヤーは縦半分に切って種とわたを除き、5㎜厚さに切る。水に5分ほどさらしてざるにあげ、水けをよくふく。

混ぜ合わせる

ボールにゴーヤーとミックスビーンズ、粒マスタードを入れ、塩をふって混ぜ合わせ▼、カテージチーズを加えてあえる。

仕上げ

器に盛り、オリーブ油をまわしかける。

好みでとうがらしをふってもよい。

全体にまんべんなく味がつくように、しっかりと混ぜ合わせる。

きくらげのにんじんおろしあえ

もどしたきくらげを、
すりおろしたにんじんで
あえるだけの簡単料理。
彩りがよく、にんじんが
甘くておいしいので、
ふだんからよく作っています。
きくらげにまぶした塩で、
味がぼやけません。

材料　２人分

きくらげ…乾5g
塩…②本指でひとつまみ
にんじん…1本（150g）
酢…大さじ1½

作り方

下準備

きくらげは水でもどし、熱湯をかけて湯をきる。ざくざくと切り、**塩**をまぶす。にんじんはすりおろし、酢を加え混ぜる。

仕上げ

きくらげとにんじんを混ぜ合わせ、器に盛る。

レタスと玉ねぎののり塩サラダ

レタスに水けが残っていると
味が決まらないので、
しっかり水きりしてくださいね。
ごま油や塩などを入れて
仕上げるのは、
できるだけ食べる直前に。
味がまんべんなく
なじむように、ふんわりと
全体を混ぜ合わせます。

材料　2人分

レタス…3枚（100g）
玉ねぎ…1/8個（25g）
焼きのり…全型1枚
ごま油…大さじ1
いり白ごま…小さじ1
塩…2本指でひとつまみ
こしょう…少量

作り方

下準備
レタスは手で食べやすい大きさにちぎる。玉ねぎは薄切りにする。のりは細かくちぎる。

仕上げ
ボールにレタスと玉ねぎ、のりを入れる。ごま油とごまを加え、塩とこしょうをふって混ぜ合わせ、器に盛る。

ぶどうと洋梨の白あえ

秋の果物を白あえにしました。
ぶどうと洋梨を、
あえ衣がふんわりと包みこみ、
隠し味の塩が全体をなじませます。
すぐに食べないときは
果物の上にあえ衣をのせて盛り、
食べる直前に混ぜ合わせます。

材料　2人分

ぶどう※…4粒（60g）
洋梨…½個（80g）
絹ごし豆腐…⅓丁（100g）
塩…③本指でひとつまみ
すり白ごま・砂糖…各大さじ1

※種がなく皮ごと食べられるもの。写真はシャインマスカット。

作り方

下準備
豆腐はキッチンペーパーで包んで水きりをする。ぶどうは4等分に切り、洋梨は角切りにする。

あえ衣を作る
ポリ袋に豆腐を入れて手でよくもみつぶす。塩、すりごま、砂糖を加えて、さらに混ぜる。

仕上げ
ぶどう、洋梨とあえ衣を混ぜ合わせ、器に盛る。

きゅうりとにんにくのあえ物

夏においしいきゅうりを使った、
簡単に作れる一品です。
ごま油とにんにくの香りが、
食欲をそそりますよ。
塩は酢の角をおさえ、
全体の味をまとめてくれます。
きゅうりとにんにくは袋に入れて
いっしょにめん棒でたたくと
楽なうえ、味がよくなじみます。

材料　2人分

きゅうり…2本（200g）
にんにく…1かけ
酢・ごま油…各小さじ1
塩…③本指でひとつまみ
香菜《しゃんつぁい》（あれば）…適量

作り方

下準備
きゅうりとにんにくはポリ袋に入れ、上からめん棒などでたたいて食べやすい大きさにする。

混ぜ合わせる
ボールに入れ、ごま油と酢をかけ、**塩**をふり、混ぜ合わせる。

仕上げ
器に盛り、香菜を添える。

「塩ひとつまみ」のQ&A

Q　塩ひとつまみの量がよくわかりません。

A　何度も作るうちに、かならず感覚がつかめるようになります。

「ひとつまみ」というと、「少々（＝ほんの少し）」というイメージなのか、ほんのちょっとしか塩をつままない人が多いですね。量が少ないとなかなか味が決まらず、結局あとから塩を足すことになってしまいます。心配な人や量が安定しない人は、「塩ひとつまみ」を計り、1gを意識してつまんでみてください。

味つけは塩だけ、タイミングも1回ですから、味つけに失敗したとしたら、ひとつまみの量が多かったか、少なかったか。原因はすぐにわかります。味がうすければ塩をちょっと足せばいいだけ。その経験を、次に生かしましょう。

Q　どんな塩を使えばいいですか？

A　どんな塩でもだいじょうぶです。

私は世界の塩をコレクションしていますが（51ページ）、ふだんの料理に使っているのは、日本の塩。伊豆大島が産地のあら塩です。私は東京生まれの東京育ちなので、東京のものを使っています。自分が暮らしている場所に近い所のもののほうが、体に合う気がするからです。塩にもいろいろ個性がありますから、自分が好きなもの、おいしいと感じるものでいいですよ！

Q じょうずに塩をふるコツはありますか？

A 肉や魚などのたんぱく質素材には、塩がしっかりつくように。

まず、野菜より肉や魚などのたんぱく質素材に塩をふるほうがうま味や塩けを感じやすいので、意識してふってみてください。

塩は味をつける以外にも、肉をしっとりさせたり、魚の臭みをとったり、野菜の水分を引き出したりといろいろな役割を持っています。塩がその役割を果たしていないと、いくら塩味がしても、それ以外の部分でもの足りなくなります。この本では塩の役割を考えてふるタイミングを決めていますので、一度やってみてください。

Q ボテッと落ちてしまってまんべんなくふれません。

A まずは「尺塩」を練習してみましょう。

まんべんなく塩をふりたいときは、素材の30㎝ほど上からふりかけるようにします。日本料理の世界では「尺塩《しゃくしお》」と呼ばれますが、高い所からふると塩を均等にかけられます。

あら塩のようにしっとりした塩だと、下にボテッと落ちてしまうかもしれません。そのときは、電子レンジで少し加熱すると水分がとんでサラサラになります。均等にふりたいときは、試してみてください。

Q 減塩しているので、ひとつまみだと塩の量がわからなくて不安です。

A 自分が摂取してもよい量の塩を計り、小皿に入れておくと安心です。

私はいつも、その日に使いそうな量の塩を小皿に入れて、そこから「塩ひとつまみ」で料理しています。減塩が必要な人は、1日あたりの塩分の目標量から逆算して自分が摂取してもよい量の塩を計り、小皿に入れて、そこから使うようにするといいですね。

2 レンジ・蒸す

凝縮される甘味とうま味

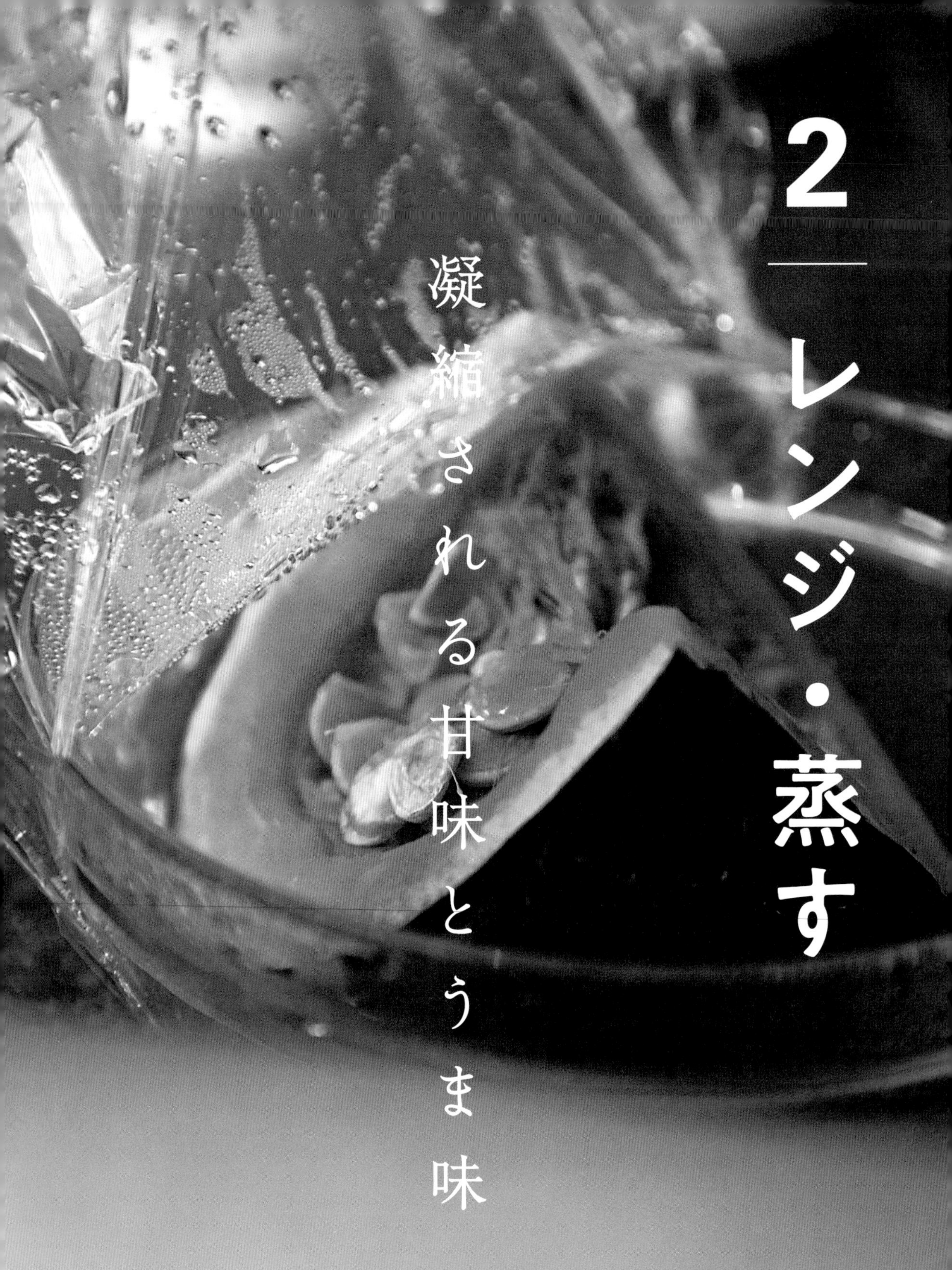

蒸気の熱で火を通す、「蒸す」料理。素材の水分を逃さずにしっかり閉じ込めて、野菜の甘味、肉や魚介のうま味を引き出してくれるので、ひとつまみの塩だけで滋味にあふれた一品が完成します。ゆでたり、煮たりすると流れ出てしまう栄養成分もありますが、蒸す料理はそれもなく、素材本来の味を強く感じられます。

ここでは、電子レンジを使ったレシピをたくさんご紹介しました。蒸す道具には、レンジのほかにせいろやなべ、フライパンなどいろいろありますが、便利なのはレンジですね。タイマー機能があるのでほかの作業もできるし、洗い物も楽です。蒸すときに少量の水を加えると、熱の通りに偏りが出るのを防ぎ、全体がしっとりと仕上がります。

油を使わない蒸し野菜はヘルシーで人気がありますが、カットせずにまるごと電子レンジで蒸せばさらに簡単。凝縮された野菜の甘味と、それを引き立てる塩の存在感！　究極のシンプルなおいしさです。

種つきのかぼちゃに
水を少し加えてレンジで加熱すると、
部分的にかたくならず、
甘くホクホクに蒸し上がります。
ひとつまみの塩をふれば、
さらにかぼちゃの味を濃く感じます。

まるごとかぼちゃの レンジ蒸し

材料　2人分

- かぼちゃ…1/4個（270g）
- 水…大さじ1
- 塩※…2本指でひとつまみ

※ここでは、スペイン・バスク地方の岩塩を使用。粒の大きい塩は、舌に強い塩けが感じられ、ガリッとした舌ざわりもいいアクセントになる。

作り方

下準備
かぼちゃは種のあるほうを上にして耐熱ボールに入れ、分量の水を加える▼。

レンジで加熱する
ふんわりとラップをかけて、電子レンジ（500W）で9分加熱する。

仕上げ
あら熱がとれたらスプーンなどで種とわたをとる▼。角切りにして器に盛り、塩をふる。

よく売られている1/4個サイズのかぼちゃをまるごとレンジに。

やわらかくなっているのでわたがとりやすく、切るのに力も必要ない。

玉ねぎを皮つきのまま
レンジにかけると、
中はとろ～り。
甘く、やわらかくなります。
最後の塩は玉ねぎの甘さと
削りガツオの塩け、
うま味を引き立てます。

まるごと玉ねぎのレンジ蒸し

材料　2人分

- 玉ねぎ…1個（200g）
- 水…大さじ1
- 塩…2本指でひとつまみ
- 削りガツオ…小1袋（1g）

作り方

下準備

玉ねぎは皮つきのまま、上に十文字の切り目を⅔程度の深さまで入れる▼。耐熱ボールに入れ、分量の水を加える。

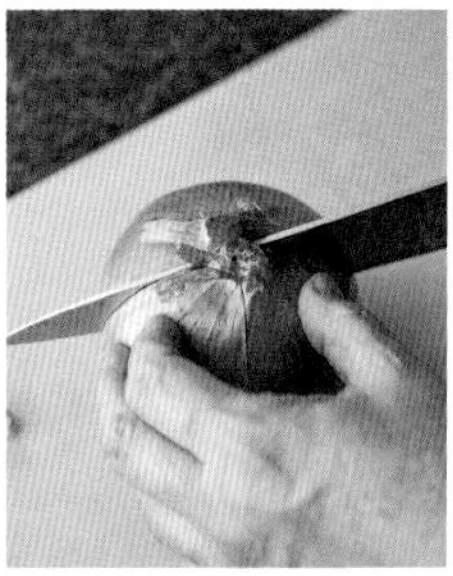

あとで開いて食べやすいように、切り目を深く入れておく。

レンジで加熱する

ふんわりとラップをかけて、電子レンジ（500W）で7分加熱する。

仕上げ

器に盛り、切り目を開いて塩をふり、削りガツオをのせる。

とろけるほどやわらかいなすに、
ヨーグルトがよく合います。
この2つ、じつはトルコで
定番の組み合わせ。
味を引きしめるのは、やっぱり塩。
なすは、油をかけて
レンジ加熱すると、
色をきれいに保てますよ。

まるごと なすの レンジ蒸し ヨーグルトがけ

材料　2人分

- なす…2本（150g）
- 油…小さじ1
- 塩…2本指でひとつまみ
- プレーンヨーグルト…大さじ2
- いり白ごま…小さじ1

作り方

下準備

なすは竹串などで2〜3か所刺して穴をあける。耐熱皿に並べ、油をかける◀。

なすの上から全体に油をまわしかける。

レンジで加熱する

ふんわりとラップをかけて、電子レンジ（500W）で3分加熱する。

仕上げ

あら熱がとれたら、縦4つ割りにして器に盛る。塩をふり、ヨーグルトをかけてごまをふる。

電子レンジで作る卵とじなら、
火加減を気にせず、
洗い物も少なくてすみますね。
エビを目がけて塩をふりかけると、
エビの余分な水分が出て
食感がプリッとなります。

エビと小松菜のレンジ卵とじ

材料　2人分

- 無頭エビ…6尾（殻つきで120g）
- 小松菜…小1束（200g）
- とき卵…1個分
- 塩…③本指でひとつまみ
- こしょう…少量
- ごま油…大さじ1
- あらびき黒こしょう…少量

作り方

下準備

エビは殻と尾、背わたをとり除く。小松菜は4cm長さに切る。
耐熱ボールに小松菜、エビ、とき卵を順に入れ、塩、こしょうをふり、ごま油をかける▼。

レンジで加熱する

ふんわりとラップをかけて、電子レンジ（500W）で5分加熱する。

仕上げ

ボールの中でざっくりと混ぜ合わせる。器に盛り、こしょうをふる。

塩がエビにかかるように意識しながら、全体的にふりかけて。

ただ重ねてレンジにかけるだけで、
メインのおかずができ上がり。
豚肉のうま味とトマトの酸味を
たっぷりと吸い込んだズッキーニが、
おいしさ抜群です。
塩は肉にふりかけて、
とうがらしはお好みでどうぞ。

豚バラ肉とズッキーニのレンジ蒸し

材料　2人分

豚バラ薄切り肉…150g
ズッキーニ…1本（100g）
トマト…小1個（120g）
塩…③本指でひとつまみ
粉とうがらし（あれば）…適量

作り方

下準備

豚肉は2cm幅に、ズッキーニは2cm角に、トマトはさいの目に切る。
耐熱皿にズッキーニ、トマト、豚肉を順に重ねて並べ、**塩**をふる◀。

塩は肉の上にふりかける。加熱すると、肉の脂と風味が全体に行きわたる。

レンジで加熱する

ふんわりとラップをかけて、電子レンジ（500W）で7分加熱する。

仕上げ

軽く混ぜ合わせて器に盛り、とうがらしをふる。

肉の味つけがじんわり豆腐にしみわたり、塩だけなのに満足の一品です。とうがらしの代わりに豆板醤《とうばんじゃん》を入れると、より本格的な味になります。

牛肉と豆腐の塩麻婆《まーぼー》

材料　2人分

牛切り落とし肉…120g

a
- ねぎ…20g
- にんにく・しょうが…各1かけ
- 赤とうがらし（水につけてやわらかくする）…1本

酢…小さじ1

塩…③本指でひとつまみ

もめん豆腐…1丁（300g）

ごま油…大さじ2

花椒《ほわじゃお》（すりつぶす）…小さじ½

作り方

下準備

豆腐は一口大に切る。aはみじん切りにする。牛肉をあらく刻んでボールに入れ、aと酢、塩を加えてさっと混ぜ合わせる（b）。

蒸す

フライパンにごま油大さじ1を熱して豆腐の両面をいため、bを混ぜて加え、弱めの中火で5~6分蒸し煮にする。残りのごま油をかけて軽く混ぜ合わせる。

仕上げ

器に盛り、花椒をふる。

塩をふることで鶏肉のうま味を引き出し、
ヨーグルトに漬け込むことで
中までしっとり、やわらかくなります。
クミンシードの風味で、
エスニックな味わいが楽しめます。

鶏肉とじゃが芋のにんにくヨーグルト蒸し

材料　2人分

鶏もも肉…1枚（200g）
塩…③本指でひとつまみ
a ┌ プレーンヨーグルト…大さじ3
　 └ おろしにんにく…小さじ⅓
じゃが芋…1個（100g）
玉ねぎ…½個
オリーブ油…大さじ1
クミンシード…少量

作り方

鶏肉の下準備
鶏肉は一口大に切り、塩をふってもむ。さらにaを加えて混ぜあえる。

野菜の下準備
じゃが芋は皮をむいて3㎜厚さに切り、玉ねぎは薄切りにする。

蒸す
フライパンにオリーブ油を熱し、玉ねぎとじゃが芋を順に入れて鶏肉をのせる。クミンを散らしてふたをし、弱めの中火で10分蒸し焼きにする。ふたをとり、上下を返して中火で鶏肉に焼き色をつける。

香り高いクレソンやセロリが淡泊なタイとよく合います。塩をすることでタイの身がしまり、少量の酢と油をもみ込むことで、ふっくらと蒸し上がります。

タイとセロリ、クレソンのマリネ蒸し

材料　2人分

タイ…2切れ（200g）
塩…③本指でひとつまみ
a　酢・オリーブ油…各小さじ1
セロリ…½本（100g）
クレソン…1束（80g）
オリーブ油…大さじ1
あらびき黒こしょう…少量

作り方

タイの下準備
タイは塩をふり、aであえる。

野菜の下準備
セロリは3～4cm長さの短冊切りにし、クレソンは長さを2～3等分に切る。

レンジで加熱する
タイとセロリ、クレソンを耐熱皿に入れる。ふんわりとラップをかけて電子レンジ（500W）で10分加熱する。器に盛り、オリーブ油をまわしかけてこしょうをふる。

トマトがほどよく煮くずれて、
あっさりとしたスープ風の
仕上がりです。
カレー粉をまぶして、
ホタテによくなじませます。

エビとホタテのトマトカレー蒸し

材料　2人分

無頭エビ…4尾（殻つきで80g）
ホタテ貝柱…8個（160g）
塩…③本指でひとつまみ
カレー粉…大さじ½
トマト※…小1個（100g）
玉ねぎ…¼個（50g）
オリーブ油…小さじ1
香菜《しゃんつぁい》（1cm長さに切る）…1本

※トマト缶（⅓～½缶）でもよい。

作り方

エビとホタテの下準備
エビは殻と尾、背わたをとり除く。エビとホタテに塩とカレー粉をふってさっと混ぜる。

野菜の下準備
トマトはさいの目切りにし、玉ねぎは薄切りにする。

レンジで加熱する
エビと玉ねぎ、ホタテ、トマトの順に耐熱皿に入れる。ふんわりとラップをかけて電子レンジ（500W）で10分加熱する。器に盛り、オリーブ油をまわしかけて香菜を散らす。

3 ゆでる

素材もゆで汁もやさしい味

「ゆでる」という工程は、「素材＋塩＋水」のおいしさをシンプルに味わえる調理法です。

ゆでた素材をざるにとって湯をきり、そのままさますことを「陸《おか》あげ（生《き》あげ）」といいます。食べる直前に塩をふれば、舌で粒の状態の塩を感じられます。野菜はそのままでもおいしく食べられるので、塩はまばらにふって、塩がついていない状態も味わいたいですね。一方で、陸あげにしてまだ熱いうちに塩をふると味がよくなじみ、さめてもおいしく食べられます。

さらに、ゆでるときに塩を入れると、素材のおいしさをじっくりと引き出すことができます。そして、このゆで汁がいいだしになるんです。たとえば、ささ身をゆでれば滋味にあふれたスープに。竹の子をゆでるときに生の米をいっしょに入れると、お米が竹の子の香りをまとったおいしいおかゆになります。ゆでた素材も、ゆで汁も余さず味わいましょう。

家庭料理ですから、アスパラガスの「はかま」はとらなくてもいいですね。根元に近いかたい皮も、切り目を入れてゆでればだいじょうぶ。ゆで湯に塩を入れないので、仕上げの塩はしっかり味がつくように、あつあつのうちにふりましょう。

アスパラガスのポーチドエッグ添え

材料　2人分

グリーンアスパラガス…6本（120g）
バター…大さじ1（12g）
酢…大さじ1
卵…1個
塩…3本指でひとつまみ
イタリアンパセリ（細かく刻む）…適量

作り方

下準備
アスパラは根元に斜めに切り目を細かく入れる▼。

ゆでる
なべに湯3カップを沸かす。アスパラを入れ、バターを加えて2分ほどゆでてとり出す▼。なべに酢を加えて卵を割り入れ、菜箸《さいばし》で軽く動かしながら2分ほどゆでる。

仕上げ
器にアスパラを並べ、上に卵をのせる。塩をふり、パセリを散らす。

ゆで湯にバターを加えてアスパラに香りを移し、つやよくゆでる。

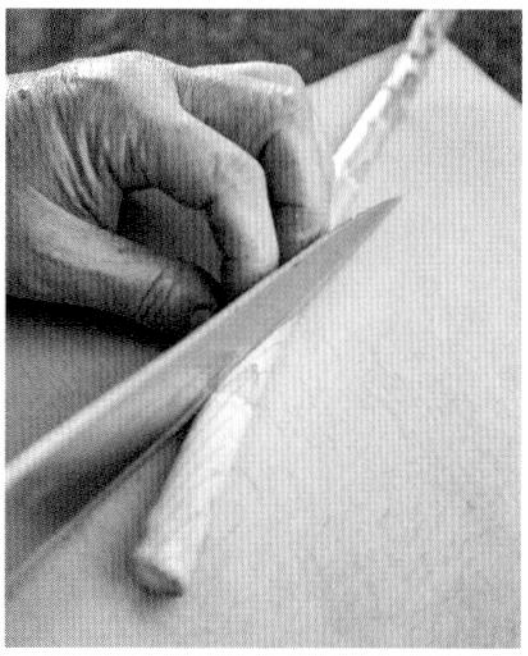

切り落とすことが多い根元のかたい部分も、切り目を入れてゆでるとやわらかくなる。

ゆでる順番は豚肉を先に。
お湯は捨てずに、続けて
かぶとわかめをゆでることで、
豚肉の風味が移り、おいしくなります。
塩は、肉を中心にふりかけると、
豚肉のうま味、かぶの甘味が引き立ちます。

豚しゃぶ肉とかぶ、わかめのさっとゆで

材料　2人分

- 豚肩ロース しゃぶしゃぶ用肉…150g
- かぶ（葉つき）…1個（100g）
- 塩蔵わかめ…10g
- 塩…③本指でひとつまみ

作り方

下準備
かぶは皮つきのまま4等分に、葉は4㎝長さに切る。わかめは水で塩をよく洗い流してもどし、水けを絞って3㎝長さに切る。

ゆでる
なべに水約2カップを入れて煮立て、弱火で豚肉を1枚ずつゆでてとり出す。再び煮立ててかぶとわかめを入れ、葉とわかめはさっとゆでてとり出し、かぶも火が通ったらとり出す▼。

仕上げ
器に盛り、豚肉を中心に塩をふる。

豚肉はかたくならないように弱火でゆでる。ゆで湯のアクが気になるようならとり除く。

豚肉をゆでた湯で野菜をゆでることで、風味を移す。

にんにくを入れなくても
味にパンチがあるのは、
にら独特のくせがあるから。
味がぼやけないよう、ゆでたあとの
水けはしっかり絞ります。

にらのナムル

材料　2人分

にら…1束（100g）
ごま油…大さじ1
いり白ごま…小さじ1
塩…③本指でひとつまみ
こしょう…少量

作り方

下準備
にらは4㎝長さに切る。

ゆでる
なべに湯を沸かし、にらを入れて30秒ゆで、ざるにあげる。

仕上げ
あら熱がとれたら水けを絞り、ボールに入れる。ごま油、ごま、(塩)、こしょうをふってざっと混ぜ合わせ、器に盛る。

はっさく、せり、しいたけと、
それぞれが豊かな香りと
個性を持つ食材ですが、
そんな個性的なものこそ、塩で。
それぞれの持ち味を生かしつつ、
全体のまとめ役になります。

せりとしいたけのはっさくあえ

材料　2人分

せり…1束（80g）
生しいたけ…4個（40g）
はっさく…1個（200g）
塩…3本指でひとつまみ

作り方

下準備
せりは根をよく洗い、3㎝長さに切る。しいたけは細切りにし、はっさくは皮と薄皮をむく。

ゆでる
なべに湯を沸かし、せり、しいたけの順番にさっとゆで、ざるにあげる。

仕上げ
あら熱がとれたら、キッチンペーパーにとって軽く絞り、水けをよく除いてボールに入れる。塩をふり混ぜ、はっさくとともに器に盛る。

おいしい「ゆで汁」

ゆでた素材だけでなく、ゆで汁もスープやおかゆとしておいしく使える料理をご紹介します。

鶏ささ身をゆでる

鶏ささ身をゆでておくと、ほぐしてスープやサラダの
トッピングにしたり、スライスしてハムのように使えて便利です。
そして、鶏ささ身のゆで汁は私の定番スープのもと。
すっきりと上品で、やさしい味わいのスープが作れます。

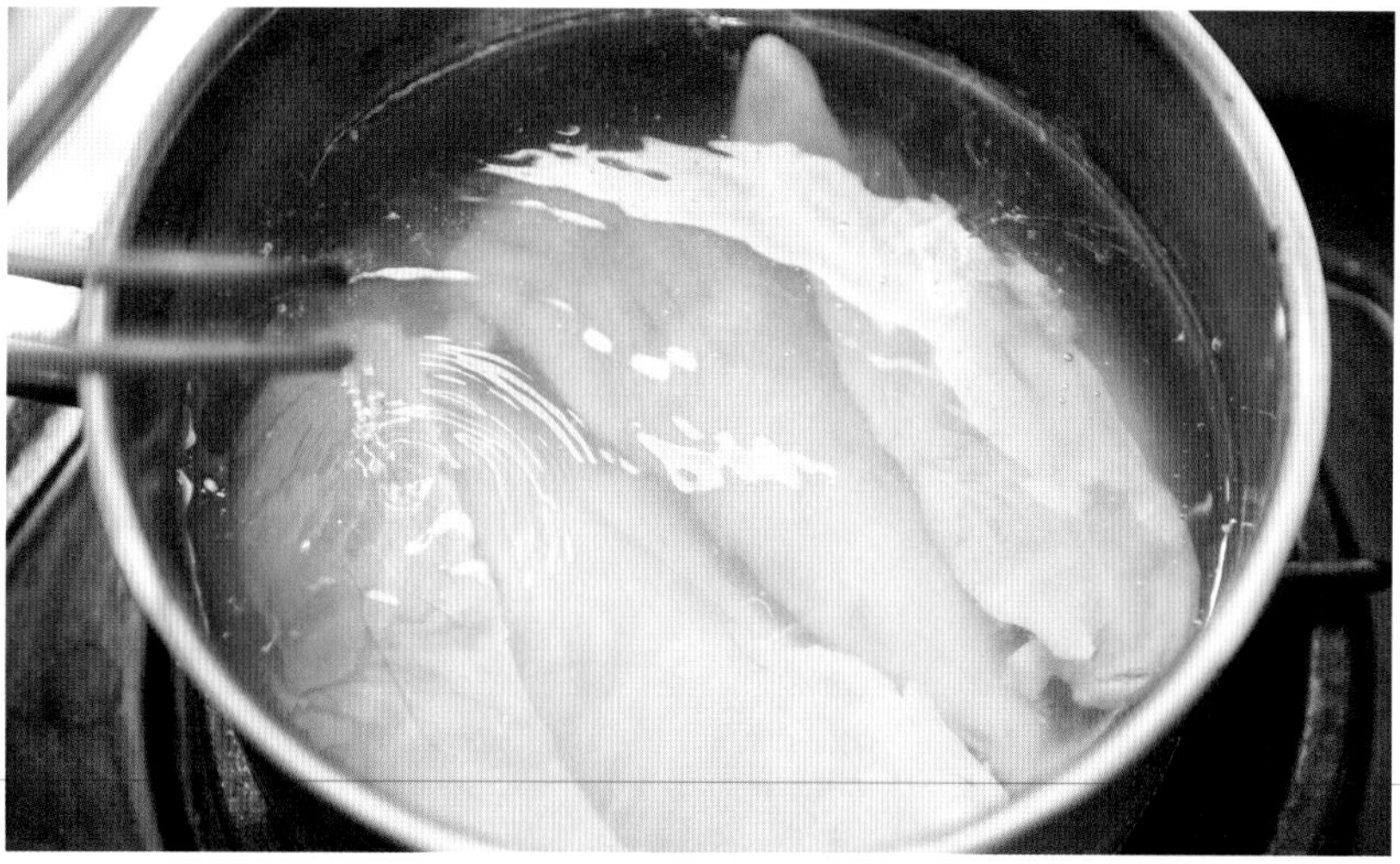

ゆで鶏ささ身

材料　作りやすい分量

鶏ささ身…4本（200g）
塩…ささ身1本あたり3本指でひとつまみ
砂糖…少量
水…4カップ

作り方

下準備
ささ身は塩と砂糖をふり、しばらくおいてなじませる。

ゆでる
なべに分量の水を入れて湯を沸かし、ささ身を加えて弱火で4～5分ゆでる。

余熱で火を通す
あら熱がとれるまでおき、余熱でじっくり火を通す（中心が白くなるまで）。

○保存容器に入れて冷蔵庫で3～4日保存できる。

前菜やちょっとした
おつまみにぴったり！

鶏ささ身のくるみあえ

材料　2人分

ゆで鶏ささ身
（右ページ）…1本（50g）
くるみ…50g
玉ねぎのみじん切り…大さじ3
鶏ささ身のゆで汁…大さじ3
塩…2本指でひとつまみ
粉とうがらし（好みで）…適量

作り方

ささ身の下準備
ささ身は細かく刻んでほぐす。

くるみの下準備
くるみはポリ袋に入れ、めん棒などでたたいて細かく砕く。

仕上げ
ささ身とくるみをボールに入れ、玉ねぎを混ぜ合わせ、ゆで汁と塩で味をととのえる。器に盛り、粉とうがらしをふる。

「鶏ささ身のゆで汁」を使って

にんじんのやさしい甘味を感じて！

にんじんのポタージュ

材料　2人分

鶏ささ身のゆで汁（44ページ）…1½カップ
にんじん…½本（100g）
玉ねぎ…¼個（50g）
牛乳…½カップ
こしょう（好みで）…少量

作り方

下準備
にんじんはいちょう切りに、玉ねぎは薄切りにする。

ゆでる
なべにささ身のゆで汁、にんじん、玉ねぎを入れて火にかけ、ふたをしてやわらかくゆでる。

攪拌する
ミキサーに入れて攪拌《かくはん》する。なべに戻し入れ、牛乳と合わせて温め、こしょうをふる。

そら豆を皮ごと使って風味豊かに。

そら豆のポタージュ

材料　2人分

鶏ささ身のゆで汁（44ページ）…1½カップ
そら豆…皮つきで100g
玉ねぎ…¼個（50g）
牛乳…½カップ
こしょう（好みで）…少量

作り方

下準備
玉ねぎは薄切りにする。

ゆでる
なべにささ身のゆで汁、そら豆、玉ねぎを入れて火にかけ、ふたをしてやわらかくゆでる。

攪拌する
ミキサーに入れて攪拌する。なべに戻し入れ、牛乳と合わせて温め、こしょうをふる。

○「季節の野菜」＋玉ねぎで、いろいろなスープが作れる。野菜の量はだいたい重量150g程度。
○スープのために「鶏ささ身のゆで汁」を別にとるのではなく、スープの野菜をやわらかくゆでてから、ささ身を加えて弱火で5分加熱し、ささ身を引き上げてもよい。

竹の子をゆでる

私は竹の子をゆでるとき、
皮をむいて扱いやすい大きさに切ったうえで、
生の「米」をいっしょにゆでます。
皮をむくことで短時間でゆで上がりますし、
お米がおいしいおかゆになります。

「竹の子のゆで汁」を使って

塩と米を入れた湯で竹の子の香りを引き出しながらゆでます。ゆで湯は、そのまま春のおかゆに。

竹の子がゆ

材料　2〜3人分

竹の子…小1〜2本（皮つきで500g。ゆでやすい分量）
米…½カップ
塩…③本指でひとつまみ
小ねぎの小口切り…適量

○残った竹の子は、保存容器に入れてかぶるぐらいの水を加え、冷蔵庫で2〜3日保存できる。

作り方

下準備
竹の子は皮をむいて縦2等分（大きければ縦4等分）に切る。

ゆでる
直径18cm程度のなべに竹の子と米、かぶるぐらいの水、塩を入れ、弱めの中火で20分ほどゆでる▲。

小さく切ってあるので、ゆで上がるまでそれほど時間はかからない。

仕上げ
竹の子をとり出し、あら熱がとれたらさっと洗う。穂先を4cmほど切って薄切りにする。なべに残ったおかゆを温め、竹の子の薄切りを混ぜて器に盛り、小ねぎをのせる。

「ゆで竹の子」を使って

私が春巻きを
食べるのは春だけ。
春巻きは、中国で
立春の日に食べる
「春餅《ちゅんぴん》」が起源とされ、
旬の竹の子と
ねぎやにらなどの
野菜を具にします。
いためないので簡単。
香ばしくパリッと揚げて。

竹の子と豚肉、ねぎの春巻き

材料　2人分

ゆで竹の子(48ページ)…小1本分(100g)
豚もも薄切り肉…6枚(120g)
ねぎ…10㎝
春巻きの皮…6枚
揚げ油

塩…③本指でひとつまみ
花椒《ほわじゃお》(すりつぶす)…小さじ1

作り方

下準備
竹の子と豚肉は細切りに、ねぎは5㎝長さの細切りにして、すべて混ぜ合わせる。春巻きの皮で具を⅙量ずつ包む。

揚げ焼きにする
フライパンに1㎝高さほどの油を入れて熱し、春巻きの両面を色よく揚げ焼きにする。

仕上げ
器に盛り、塩と花椒を合わせて添える。

コラム

塩の思い出
～塩から見えること、わかること～

私は小さいころから料理を作ること、食べることが大好き。料理を研究するために世界じゅうを旅してきました。さまざまな食文化の中でたくさんの出会いがありましたが、中でも塩にまつわる思い出は特別です。

ウクライナで受けた「パンと塩」のおもてなし。大きなパンの上に小さい塩壺が置かれていて、パンをちぎり、塩をつけて食べるものです。これは、日本の「同じ釜の飯を食う」という言葉にも通ずる歓待の儀式でした。

中国四川省では、地下の塩水を井戸でくみ上げて作る「井塩」があります。その井塩から作る豆板《とうばん》（辣《らー》）醤《じゃん》を研究するため、足しげく通ったものです。同じく中国は青海省茶卡《ちゃか》塩湖。天然の塩湖で、茶卡とはモンゴル語で「塩海」を意味します。そこでとれる皇帝様に献上された塩で目を洗うと、白内障が治ったという伝説があるのだとか！

ウズベキスタンで米料理のプロフを習ったときは、油の中に岩塩のかたまりを投げ入れて作ることに驚きました。モロッコのタジンもそうですが、砂漠地帯では水がありませんから、代わりに油をよく使います。油と塩、あとは素材から出る水分で蒸し煮にすることで、うま味を凝縮するのです。そういえば、スペインでもオリーブ湯に塩を入れてオムレツを作りました。ささいなことから、大陸ならではのつながりを感じます。

トルコでは羊の解体を見せてもらいましたが、お清めにも塩が使われていました。ピクニックにその新鮮な羊の肉を持って行ってバーベキューをしたことは懐かしい思い出。ボリビアのウユニ塩湖では、塩水につかりながらの食事会。ポーランドのヴィエリチカ岩塩坑で見た塩のシャンデリアの美しかったこと。食べるだけではない、生活に根づいた塩のエピソードは興味深いものばかりです。

旅先では、その土地の塩を探します。少しずつ集めてきた世界の塩は私の大事なコレクションです。お土産用の塩にはちょっと特殊なものもありますが、色も形もいろいろあって、ながめているだけでもワクワク、手でさわるとさらに楽しくなります。

各自が料理に塩をふるため、食卓に置いてある塩用の小さな入れ物も集めています。ユーラシア大陸の国々ではよく使われているのですが、美しい絵が描かれていたり、ユーモラスな形をしていたりと、これもまた見ているだけでもおもしろいでしょう？

塩は世界共通の調味料。塩を通して見えること、わかることがおもしろくて、私はついつい塩にひかれてしまうのかもしれません。

4 焼く・いためる

香ばしい焼き色とこく

料理は、子育てに少し似ていると思います。子育ては見守ることがいちばんたいせつで、へたに手を出しちゃいけない。料理も同じで、なにかを焼くときはあんまりさわらないほうがいい。じっと見守って。でも、じっと見てばかりもいられないから、目を離す勇気も必要。ほかの作業をしながら、耳でジュージュー焼ける音を聞いたり、鼻でにおいをかいだり。料理は、食べるときも作るときも五感を使うんです。

火加減と焼き時間を目安で示すこともあるけれど、道具もこんろもみんな違うのだから、自分で加減をつかんでほしいと思います。香ばしいにおいがしていい焼き色がついたら裏返すとか、汁が煮つまってきたような音がしたら火を弱めて様子を見るとか、五感を使うことを意識すれば自然に身につきます。

あと、表面に小麦粉をつけるときは強力粉がおすすめ。カリッと仕上がりますよ。私は、天ぷらとスポンジケーキ以外はすべて強力粉を使っています。

アジの南蛮漬け

南蛮漬けとはいうものの、できたてをすぐに食べても野菜がシャキシャキしておいしいですよ。塩は魚の表面にふりました。余分な水分を抜いて、アジのおいしさを引き立たせます。

材料　2～3人分

アジの三枚おろし…3尾分（210g）
塩…3本指でひとつまみ
小麦粉（あれば強力粉）…大さじ2
a
- ねぎ…5cm
- パプリカ…¼個（80g）
- 青とうがらし※…2本

油…大さじ3
甘酢（混ぜる）
- 酢…大さじ2
- 砂糖・水…各大さじ1

※ピーマン1個でもよい。

作り方

下準備
アジは塩をまぶす▼。15分ほどおいてキッチンペーパーで水けをふきとり、全体に小麦粉をまぶす。aは細切りにする。

焼く
フライパンに油を熱し、アジを入れて両面をカリッと焼く▼。

仕上げ
器にアジを盛ってaをのせ、上から甘酢をかける。

塩はアジの身のほうにふり、軽く重ねて皮目にも塩がつくようにまぶす。

焼き始めるときは身側を下にするとそりにくい。

南東欧のアルバニアでは
揚げ焼きにした羊のレバーを
オニオンスライスと合わせるのですが、
手に入りやすい鶏レバーで作りました。
塩で臭みをとったうえ、
カリッと香ばしく揚げ焼きにするので、
レバーが苦手な人でも食べやすいですよ。

鶏レバーの揚げ焼き

材料 2人分

- 鶏レバー…150g
- 塩…③本指でひとつまみ
- 小麦粉（あれば強力粉）…大さじ2
- 油…大さじ3
- 玉ねぎの薄切り…1/4個分（50g）
- あらびきとうがらし…少量

作り方

下準備
鶏レバーは一口大に切り、水で洗う。キッチンペーパーで水けをふきとり、塩をふる▼。しばらくおいてなじんだら、小麦粉を全体にまぶす。

焼く
フライパンに油を熱し、レバーを入れて全体にカリッとなるまで焼く▼。

仕上げ
玉ねぎとともに器に盛り、とうがらしをふる。
好みでレモンを添えてもよい。

塩をふることで、余分な水分とともに臭みをとり除く。

油がはねやすいので、フライパンのふたでよけるなどしながらカリッと焼く。

ひき肉料理で、つなぎに玉ねぎやパン粉を入れるレシピがよくありますが、塩だけでも充分です。むしろ、肉のうま味をしっかりと味わえます。種つきのピーマンに詰めると、肉が焼き縮みしても引っかかりがあるのではがれにくく、食感にも変化が出ておいしく食べられます。

ピーマンの肉詰め 酢こしょう添え

材料　2人分

豚ひき肉…150g
塩…③本指でひとつまみ
ピーマン…3個（90g）
オリーブ油…大さじ2
酢こしょう（混ぜる）
- 酢…大さじ2
- あらびき黒こしょう…適量

作り方

下準備
ひき肉は塩を加え、よく混ぜる。ピーマンは縦半分に切り、ひき肉を詰める▼。

焼く
フライパンにオリーブ油を熱し、ピーマンの肉の面を上にして入れてふたをし、焼く。焼き色がついたら裏返し▼、ふたをして同じように焼く。

仕上げ
器に盛り、酢こしょうを添える。

両面とも表面に焦げ目がしっかりつくまで焼く。

ピーマンの種を除かずに肉を詰めると、焼いても肉がはがれにくい。

トマトを使った定番おかず。
中国では、ごはんや麺にかけて食べます。
先にトマトをいためて塩をし、
卵を加えて味をからませるようにすると、
トマトの形はあまり残りませんが、
味はばっちり、おいしく仕上がります。

トマトと卵のいため物

材料　2人分

- トマト…1個（200g）
- 卵…3個
- 油…大さじ2
- 塩…③本指でひとつまみ
- あらびき黒こしょう…少量

作り方

下準備
トマトは角切りにする。卵は割りほぐす。

いためる
フライパンに油を熱し、トマトを入れる。塩をふり、トマトが煮くずれるまでいためる▼。

仕上げ
とき卵を加えて、トマトにからめながらいためる◀。器に盛り、こしょうをふる。

塩がトマトの水分を引き出し、甘味と酸味が凝縮したソースを作る。

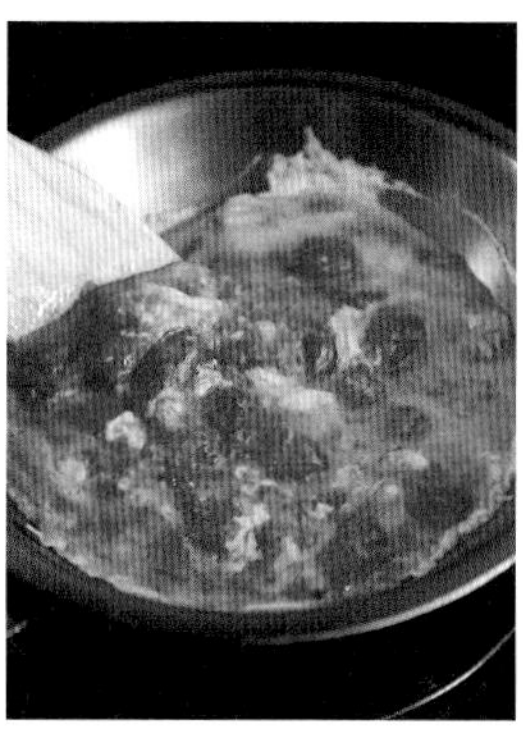

卵にトマトのソースがからむように、かき混ぜながらいためる。

この料理に出合ったのはトルコやモロッコです。どちらの国も海に面しているので魚介類が豊富で、安いイワシを使った料理がたくさんあります。脂がのったイワシのジューシーなこと。にんにくとくるみのペーストもリッチな味わい。素材の組み合わせしだいでごちそうになりますね。

イワシのくるみペーストはさみ焼き

材料　2人分

- イワシ…4尾（200g）
- 塩…③本指でひとつまみ
- a［くるみ…30g
- 　 おろしにんにく…1かけ分
- 小麦粉（あれば強力粉）…大さじ2
- オリーブ油…大さじ3
- イタリアンパセリ（あれば）…適量

作り方

くるみペーストの準備

aをポリ袋に入れて、上からめん棒でたたいてペースト状にする▼。

イワシの下準備

イワシは手開きにし▼、内側に塩と小麦粉大さじ1をふる。くるみペーストを4等分にしてイワシの内側にはさみ、表面に小麦粉大さじ1をまぶす。

焼く

フライパンにオリーブ油を熱し、イワシを入れてふたをする。2分焼いたら裏返し、またふたをして3～4分焼く。ふたをとり、イワシが開きそうになったらおさえながら、両面がきつね色になるまで焼く。

仕上げ

器に盛り、パセリを添える。

ポリ袋に入れて、なめらかになるまでよくたたく。

イワシの頭を落として少し開き、内臓をとり除いてイワシを水洗いする。

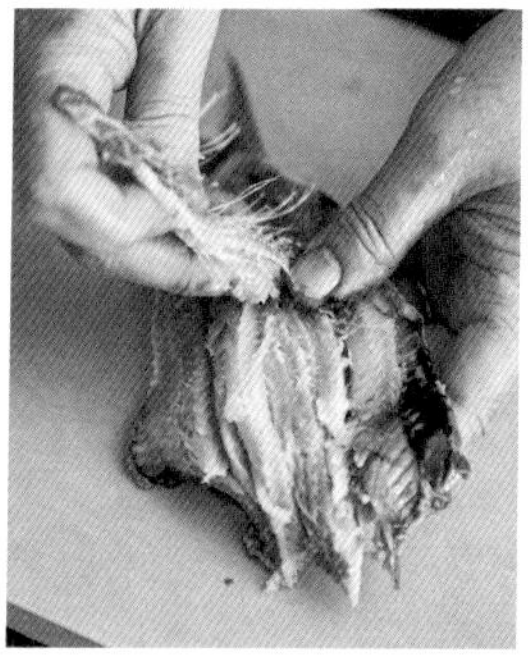

親指で尾まで広げて開き、骨をとる。

肉巻きの内側にカレー粉と
塩をふることで、
焼いても味が逃げません。
また、カレー粉は
余計な水分を吸ってくれます。

いんげんの豚肉巻きカレー風味

材料　4本分

さやいんげん…8本
豚肩ロースしゃぶしゃぶ用肉…8枚
塩…③本指でひとつまみ
カレー粉…小さじ1
オリーブ油…大さじ1
レモンの輪切り…1切れ

作り方

下準備
さやいんげんは両端を切り落とし、筋があればとり除く。

豚肉で巻く
豚肉を広げ、少し重なるように縦に2枚ずつ置き、塩とカレー粉をふる。さやいんげんを2本ずつ巻く◀。

豚肉の上にさやいんげんを斜めにのせて、端からくるくると巻いていく。

焼く
フライパンに油を熱し、ころがしながら全体にカリッと焼く。器に盛り、レモンを添える。

肉を焼く前に
塩とともに砂糖をふると、
火を入れたときに
肉がしっとりと焼け、
こんがりと焼き色がつきます。
酢をからめた玉ねぎを
肉でくるんで召し上がれ。

ポークソテー

材料　2人分

豚肩ロースしょうが焼き用肉…6枚（180g）
塩…③本指でひとつまみ
砂糖…少量
ごま油…大さじ½
玉ねぎの薄切り…¼個分（50g）
酢…大さじ1
クレソン…1束（25g）
あらびきとうがらし※…適量

※あらびき黒こしょうでもよい。

作り方

下準備
豚肉は塩と砂糖をふる。

焼く
フライパンにごま油を熱し、豚肉の両面をこんがりと焼く。

仕上げ
器に盛り、玉ねぎに酢をふって軽くあえたものとクレソンを添え、とうがらしをふる。

シンプルな塩いためが、スナップえんどうの甘さを引き立てます。イカはかたくなりやすいので、ひと手間でも切り目を入れて。

イカとスナップえんどうの塩いため

材料　2人分

スルメイカの胴…1ぱい分（130g）
スナップえんどう…150g
ごま油…大さじ1＋小さじ1

a
- ねぎ・青じそのみじん切り…各大さじ2
- しょうがのみじん切り…小さじ1

b
- 酒・水…各大さじ1
- 塩…3本指でひとつまみ
- 砂糖…小さじ¼
- こしょう…少量
- 水どきかたくり粉（水…大さじ½＋かたくり粉…大さじ¼）

作り方

下準備
イカは皮をむいて開き、花イカにして▼、一口大に切る。スナップえんどうは筋を除く。

胴の内側に、包丁をねかせて斜めに格子状に切り目を入れる。

いためる
フライパンにごま油大さじ1を熱し、イカとスナップえんどうを軽くいため、aと混ぜ合わせたbを加えて全体をいため合わせる。

仕上げ
ごま油小さじ1をふる。

れんこんのでんぷん質は粘りけがあるので、つなぎは必要ありません。ほどよい塩味の生地に香ばしいサクラエビが、いいアクセントになります。

れんこんのお焼き

材料　2人分

- れんこん…200g
- 塩…2本指でひとつまみ
- ごま油…大さじ2
- 小ねぎの小口切り…1本分
- サクラエビ…大さじ1

作り方

下準備

れんこんは洗い、皮つきのまますりおろして軽く汁けをきる。塩を加えて混ぜ、6等分にする。

焼く

フライパンにごま油を熱し、れんこんを直径5cmほどに丸く広げながら置く。上に小ねぎ（仕上げ用に少量とりおく）とサクラエビをのせ、両面をカリッと焼く。

仕上げ

器に盛り、小ねぎを散らす。

油揚げは、
ほどよい食感と
香ばしさを残したいので、
フライパンの
いちばん下に置いて、
少しカリッとさせます。
塩をふった白菜からは
水分が出てしっとり。
ほっとできる味です。

白菜と油揚げの蒸し焼き

材料　2人分

白菜…200g
油揚げ…1枚
ごま油…小さじ1
塩…③本指でひとつまみ
七味とうがらし（好みで）…適量

作り方

下準備
白菜は2㎝幅にざくざくと切り、油揚げは8等分に切る。

蒸し焼きにする
フライパンにごま油を熱し、油揚げ、白菜の順に入れる。塩をふり、ふたをして弱火で15分ほど蒸し焼きにする。白菜がしんなりとなったら、全体をいため合わせる。

仕上げ
器に盛り、七味とうがらしをふる。

塩をすることで、
サバの身が
キュッとしまるんです。
ゆずの皮を表面にまぶすので、
さわやかな酸味と、
ほのかな苦味が
口の中に広がります。
おろし大根も
ゆず風味でさっぱりと。

サバのゆず塩焼き

材料　2人分

サバ…2切れ（140g）
塩…③本指でひとつまみ
ゆず…½個
おろし大根…5㎝分

作り方

下準備
ゆずは果汁を搾り、皮はみじん切りにする。サバは塩とゆず皮のみじん切り（おろし大根用に少しとりおく）をまぶし、15分おく。

焼く
魚焼きグリルでサバの両面をこんがりと焼く。

仕上げ
サバを器に盛る。おろし大根にゆずの果汁とゆず皮のみじん切りを混ぜて添える。

5 煮る

煮汁にとけ込む奥行きのある味

煮る料理には、さっと煮るだけでよいものもあれば、少ない水で蒸し煮にする料理、長時間しっかりことこと煮る料理など、いろいろあります。スープのように煮汁の多い料理のときは濃度がうすまるので塩も量が必要です。ここでは、ほかの章にはない「4本指の塩ひとつまみ」を使っています。親指から薬指まで使って、しっかりつまんでください。

世界じゅうどこに行っても、「素材＋塩＋水」の組み合わせからなるスープ料理があり、その土地ならではの味わいを楽しむことができます。具だくさんのスープがあれば、献立の栄養バランスも楽に整うでしょう。そして特に寒い季節、温かいスープを飲めば体も心も元気になれるんです。私が、ずっと家族に作り続けている「肉団子と白菜のスープ」もご紹介しますね。「素材＋塩＋水」が作り出す三位一体のおいしさを、ぜひ味わってください。

牛肉とさつま芋の塩煮

シンプルな塩煮は、素材の味を存分に楽しめる料理。牛肉のうま味に、甘いさつま芋がよく合いますね。私は、中国料理に多い食材の組み合わせにならって、牛肉にはさつま芋を、鶏肉にはじゃが芋をよく合わせます。

材料　2人分

さつま芋…1本（200g）
牛切り落とし肉…150g
塩…③本指でひとつまみ
水…1カップ
小ねぎの小口切り…1本分

作り方

下準備
さつま芋は1cm厚さの輪切りにし、牛肉は一口大に切る。

煮る
フライパンにさつま芋と牛肉を入れ、**塩**をふる。分量の水をまわし入れ▼、ふたをして15〜20分ほど煮る。さつま芋がやわらかくなったら、器に盛り、小ねぎを散らす。

水を加えるときは、肉の上にふった塩を流して煮汁にとかすように。

おでんのロールキャベツをイメージして
肉だねにまいたけを入れ、
和風に仕上げました。
キャベツをゆでた汁をとりおくのを忘れないで。
ロールキャベツに塩をふり、
ゆで汁を加えて煮るだけで、
深い味わいのスープになります。

鶏ひき肉とまいたけのロールキャベツ

材料　2人分

キャベツ…8枚（600g）
a
- 鶏ひき肉…120g
- まいたけ（手でほぐす）…1パック（80g）
- パセリのみじん切り…1枝分
- こしょう…少量

塩…④本指でひとつまみ

作り方

下準備
キャベツは熱湯でさっとゆで（ゆで汁1カップをとりおく）、芯《しん》の部分はめん棒などでたたいて平らにする。ボールにaを入れて混ぜ合わせ、4等分にする。

肉だねを包む
キャベツを2枚ずつ重ね、肉だねを置いて包む▼。

煮る
ロールキャベツを小さいなべに入れ▼、(塩)をふる。キャベツのゆで汁をまわし入れ、20分ほど煮る。

キャベツは2枚をずらして重ねると、肉だねを巻きやすい。

なべの大きさは、ロールキャベツ4個がきっちり入るぐらいがよい。

「ドルマ」はトルコ語で「詰める」という意味。
肉や米などを、なすやズッキーニ、
パプリカなどの中に詰めて煮込みます。
肉だねは香味野菜とにんにくで変化をつけて、
塩は煮汁のほうにしっかり入れます。

なすのドルマ

材料　2人分

なす…4本（300g）

a
- 牛豚ひき肉…100g
- にんにくのみじん切り…1かけ分
- パセリのみじん切り…2枝分
- こしょう…少量

玉ねぎの薄切り…1/4個分（50g）
トマト水煮缶…1/2缶（200g）
塩…④本指でひとつまみ
水…1/2カップ
オリーブ油…大さじ2

作り方

下準備
なすはへたから4cm下で切る。上の部分はへたとがくを切り除く（ふた用）。下の部分は中身をスプーンなどでくりぬく（中身もとりおく）▼。

肉だねを詰める
ボールにa（パセリは少量とりおく）を入れてよく混ぜ、4等分にしてなすのくりぬいた所に詰める。ふた用のなすを、へたのあった側から押し込んでふたをする▼。

煮る
なべになすを入れ、玉ねぎ、なすの中身、トマト缶を入れて、**塩**をふる。分量の水をまわし入れ、オリーブ油を加え、ふたをして20分ほど煮る。器に盛り、とりおいたパセリをふる。

皮を破らないように注意しながら、なすをぐるぐるまわすようにくりぬく。

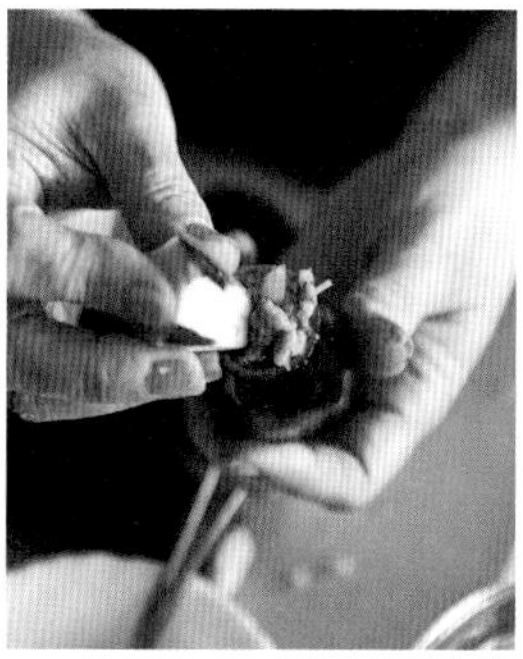
へたとがくを切り離すときに少しとがらせておくと、押し込みやすい。

私が子どものころ、
よく家で作ってもらった料理です。
手がかからないうえ、
塩だけでマグロからすごく味が出るんです。
マグロもねぎも冬が旬の素材。
寒い季節、体にしみわたるごちそうです。

マグロとねぎの煮物

材料　2人分

マグロの刺し身（さく）
…150g
ねぎ…1本（100g）
水…2カップ
塩…④本指でひとつまみ
あらびき黒こしょう…少量

作り方

下準備
マグロは一口大に切り、ねぎは2cm長さのぶつ切りにする。

煮る
なべにマグロ、ねぎ、分量の水を入れる。塩をマグロにかかるようにふりかけ▼、中火で15分ほど煮る。

仕上げ
器に盛り、こしょうをふる。

塩は煮汁でなくマグロに直接かけるようにする。火にかけると、塩が全体にじっくり浸透していく。

ビーツ煮

私は昔からビーツが大好き！
まるごと加熱する方法が一般的ですが、
時間がかかってしまうのが難点。
おすすめは、切ってから水煮する方法です。
加熱時間が短くて、お手軽ですよ。

材料　２人分

ビーツ…小１個（１５０ｇ）
塩…②本指でひとつまみ

作り方

下準備
ビーツは皮つきのままさいの目切りにする。

水煮にする
なべにビーツを入れ、水をひたひたになるように注ぐ。ふたをして弱めの中火で、水分がなくなるまで煮る▼。

仕上げ
器に盛り、**塩**をふる。

○すぐに食べないときは甘酢（酢１：水0.5：砂糖0.5：塩0.1の割合）に漬けておくとよい。

赤い色素はいったん煮汁にとけ出すが、煮ているうちにまた戻る。

わが家の冬の定番料理で、昔からよく作っているスープです。だしやブイヨンをとらなくても、肉と野菜と塩だけで、こんなにおいしいスープができるんです!

肉団子と白菜のスープ

材料　2〜3人分

- 豚ひき肉…250g
- a「砂糖・こしょう…各少量
- 　しょうがのみじん切り…1かけ分
- 　水…大さじ2
- 白菜…200g
- ねぎ…10cm
- しょうがのせん切り…1かけ
- 水…4カップ
- 塩…4本指でひとつまみ
- 砂糖…少量
- こしょう…適量

作り方

下準備

白菜は3cm長さに切り、ねぎは3cm長さの斜め切りにする。

肉だねを作る

ボールにひき肉とaを入れ、よく練り混ぜる。

煮る

なべに分量の水と白菜、ねぎ、しょうがのせん切りを入れ、塩と砂糖を加えて中火にかける。煮立ったら、肉だねを直径3cmほどに丸めながら加える。20分ほど煮たら、こしょうをふる。

アサリの塩けがしっかりしているので、最後の塩はなくてもいいくらい。私はやっぱり、2本指を使ってほんの少しでいいので塩をするほうが、味がまとまるとは思います。

アサリとしめじのさっと煮

材料　2人分

アサリ…殻つきで200g
しめじ類…100g
三つ葉…数本
水…½カップ
塩…2本指でひとつまみ

作り方

下準備
アサリは砂抜きをする。しめじは石づきを切り除いて小房に分ける。三つ葉は2㎝長さに切る。

煮る
なべにアサリとしめじを入れ、分量の水を注ぐ。ふたをして、アサリの殻が開くまで中火で煮る。

仕上げ
塩をふり、ひと混ぜして器に盛り、三つ葉を散らす。

モロッコ料理の「タジン」のイメージで、
なべに材料と多めの油を入れて蒸し煮にします。
塩にスパイスが加わるだけでいろいろな国の料理が作れますね。
そら豆も皮ごと食べられるから、
めんどうがありません。

そら豆と鶏肉のオリーブ油煮

材料　2人分

- 鶏胸肉…1枚（250g）
- 塩…③本指でひとつまみ
- 玉ねぎ※…1個（200g）
- そら豆…皮つきで150g
- オリーブ油…大さじ3
- 水…1/4カップ
- シナモンパウダー…小さじ1/2
- 粉とうがらし…小さじ1/4

※あれば新玉ねぎがよい。

作り方

下準備

鶏肉は一口大に切り、塩をふる。玉ねぎは縦半分に切り、5㎜厚さに切る。

煮る

鶏肉と玉ねぎ、そら豆を厚手のなべ※に入れる。オリーブ油と水をまわしかけ、シナモンパウダー、とうがらしをふってふたをし、15〜16分ほど蒸し煮にする。

※写真はタジンなべ。土なべなど、ふたつきの厚みのあるなべでじっくり火を通して。

トマトの酸味とうま味にレンズ豆の食感が味わい深いスープです。レンズ豆は水でもどさなくてもよいので、そのまま使えてお手軽です。スパイスやレモンがなくても、充分おいしくいただけますよ。

トマトとレンズ豆のスープ

材料　2人分

トマト…½個（100g）
玉ねぎ…¼個（50g）
レンズ豆…½カップ（乾75g）
塩…④本指でひとつまみ
水…2カップ
ミント（ドライ）・あらびきとうがらし※…各適量
オリーブ油…小さじ1
レモンのくし形切り…1〜2切れ

※あらびき黒こしょうでもよい。

作り方

下準備
トマトはあらみじんに切り、玉ねぎはみじん切りにする。

煮る
なべにトマトと玉ねぎ、レンズ豆、塩、分量の水を入れて火にかけ、25分ほど煮る。

仕上げ
器に盛り、ミントを散らしてとうがらしをふる。オリーブ油を垂らし、レモンを添える。

ロシアのビーフストロガノフは、玉ねぎと牛肉、サワークリームの三位一体の味です。生クリームとヨーグルトを混ぜるだけのクリームが、濃厚でぜいたくな味を作り出します。

ビーフストロガノフ

材料　2人分

牛もも焼き肉用肉…200g
こしょう…少量
小麦粉…大さじ½
玉ねぎ…½個（100g）
サワークリーム
　生クリーム・プレーンヨーグルト…各½カップ
オリーブ油…大さじ1
塩…④本指でひとつまみ
こしょう…少量
温かいごはん…400g
イタリアンパセリ（細かく刻む）…適量

作り方

下準備
牛肉は細切りにしてこしょうをふり、小麦粉をまぶす。玉ねぎは薄切りにする。

サワークリームを作る
ヨーグルトをボールに入れ、生クリームを少しずつ加えながらもったりとするまでよく混ぜる。

いためて煮る
フライパンにオリーブ油を熱して玉ねぎを加えていため、途中で水大さじ1ほどを加えてきつね色になるまでいためる。牛肉を加えていため合わせ、サワークリームを加えて塩とこしょうをふる。器にイタリアンパセリを混ぜたごはんとともに盛る。

お米の入ったロシア風ミートボールです。塩は煮汁に入れて、肉団子の表面にしっかり味をまとわせます。

ヨージキ

材料　2人分

a
- 牛豚ひき肉…200g
- 砂糖・こしょう…各少量
- 米（さっと洗う）…大さじ2
- 玉ねぎのみじん切り…¼個分（50g）
- 水…大さじ2

玉ねぎの薄切り…¼個分（50g）
にんじんの短冊切り…⅓本分（50g）
油・バター…各大さじ½
トマト水煮缶…½缶（200g）
水…1カップ
塩…③本指でひとつまみ
イタリアンパセリ（細かく刻む）…適量
サワークリーム（混ぜる）
　プレーンヨーグルト・
　生クリーム…各大さじ1½

作り方

肉だねを作る
ボールにaを入れ、よく練り混ぜる。

いためる
フライパンに油とバターを熱し、玉ねぎとにんじんを入れていためる。

煮る
火が通ったらトマト缶と分量の水を加え、塩をふる。煮立ったら、肉だねを直径3cmほどに丸めながら加える。ふたをして20分ほど煮る。

仕上げ
器に盛り、パセリを散らしてサワークリームを添える。

○「ヨージキ」とは、ロシア語でハリネズミの意味。肉団子の表面に米粒がツンツンと立つ様子から。

フレーバー塩

塩と、塩以外のスパイスや野菜などを組み合わせて使う「フレーバー塩」は、手軽で使いやすく、料理の味も楽に決まります。

砂糖塩

砂糖※大さじ½
＋
塩大さじ1

※砂糖はきび砂糖（商品名）がおすすめ。なければ上白糖でよい。

砂糖と塩を混ぜ合わせる。

肉や魚の下味に使うと、身がしっとり。料理の仕上げにふりかけると、少量で味が感じられて減塩につながります。

「ポークソテー」 65ページに使えます。

トマト塩

トマト1個
＋
塩小さじ1

あらみじん切りにしたトマトと塩を混ぜ合わせる。

生のままドレッシングのように使うと、フレッシュなトマトの酸味を楽しめます。ソテーした肉や魚との相性もよし。

「トマトとレンズ豆のスープ」 85ページに使えます。

花椒塩

花椒《ほわじゃお》小さじ2
＋
塩小さじ2

すりつぶした花椒と塩を混ぜ合わせる。

ピリッとしびれる辛さで、から揚げや天ぷら、麻婆豆腐などにパンチを効かせます。

「牛肉と豆腐の塩麻婆」 32ページ
「竹の子と豚肉・ねぎの春巻き」 50ページ
に使えます。

カレー塩

カレー粉大さじ1
＋
塩大さじ1

カレー粉と塩を混ぜ合わせる。

ふりかけるだけで、世代を問わず人気のカレー味に。油との相性がよいので、いため物や揚げ物にかけても美味。

フレーバー塩で作る料理をご紹介します。まずはカレー塩から！

カレー塩で作る

ビリヤニ

「ビリヤニ」は南インドの米料理。本来はゆでた米といためた具材を交互に重ね、蒸して作るものです。手軽に、カレー塩と炊飯器を使って再現します。

材料　2人分×2回

米（あればバスマティ米※）…2合
無頭エビ…6尾（殻つきで120g）
a ┌ トマトのさいの目切り
　│ …½個分（100g）
　│ 玉ねぎの1cm角切り…¼個分（50g）
　│ にんにく・しょうがのあらみじん
　└ …各1かけ
カレー塩（右ページ）
…小さじ½＋小さじ1
クミンシード（ドライ、ホール）
…小さじ½
水…1カップ
油…大さじ1
香菜《しゃんつぁい》…適量

※インドやパキスタンで栽培されている米の品種。細長い形状で独特の香りがあり、水分が少なくパラパラとしている。

作り方

米と具材の下準備
米は洗って15分浸水させ、ざるにあげて水けをきる。エビは殻と尾、背わたをとり除き、半分に切る。aを合わせて**カレー塩**小さじ½を混ぜる。

炊飯用の水の下準備
ボールにクミンシード、**カレー塩**小さじ1、分量の水を混ぜ合わせる。

米を炊く
炊飯器の内釜に米の半量、具材、残りの米、ボールの水、油を順に入れ、普通に炊く。器に盛り、香菜を添える。

レモン塩

レモン1個
＋
塩小さじ2

レモンをよく洗って、皮ごとあらみじん切りにしたものと塩を混ぜ合わせる。

キリリとさわやかなレモン塩なら、油やバターとの相性がよく、魚や肉のソテーもさっぱり。なべのベースにもできます。

レモン塩で作る
レモンとチーズのパスタ

日本でもすっかり人気が定着したレモン塩は、モロッコの保存食「シトロンコンフィ」がルーツです。レモンパスタは、バターとチーズでこくをきかせます。

材料　2人分

スパゲティ…乾160g
マッシュルーム…3個
バター・オリーブ油…各大さじ1
レモン塩（上記）
…大さじ2（約25g）
パルメザンチーズ…大さじ1
イタリアンパセリ
（細かく刻む）…適量

作り方

下準備
マッシュルームは薄切りにする。

パスタをゆでる
スパゲティは袋の表示どおりにゆでる。

いためる
フライパンにバターとオリーブ油を熱し、マッシュルームと**レモン塩**をいため、スパゲティを加えてからめる。器に盛り、パルメザンチーズとパセリを散らす。

好みでオリーブ油を添えてもよい。

玉ねぎ塩 で作る チベット風そば

玉ねぎ塩

玉ねぎ1個
＋
塩大さじ1

みじん切りにした玉ねぎと塩を混ぜ合わせる。

サラダにかけたり、油や柑橘《かんきつ》類と合わせてドレッシングのベースに。オムレツやピラフ、スープに加えるなど広く使えるので重宝します。

チベットで出合った、思い出のそばの味。ねぎ、塩、とうがらし、油で食べるシンプルな味わいに感動しました。

材料　2人分

日本そば…乾180g
にら…1/5束
粉チーズ…大さじ1
玉ねぎ塩（上記）…大さじ2（約30g）
あらびきとうがらし…少量
ごま油…大さじ2

作り方

下準備
にらは細かく刻む。

そばをゆでる
そばは袋の表示通りにゆで、湯をよくきる。

仕上げ
そばを器に盛り、粉チーズをふり、にらを散らして、**玉ねぎ塩**をのせる。とうがらしをふり、ごま油を熱して上からかける。

にんにく塩

にんにく
1玉（45gほど）
＋
塩小さじ1

あらみじん切りにしたにんにくと塩を混ぜ合わせる。

肉を焼くときに使えば、一瞬でパンチのきいたスタミナ食に。焼きそばや、ギョーザのつけだれなどなにかと便利。

日本でもブームとなったジョージア料理。鶏肉のにんにくクリーム煮を、にんにく塩で手軽に再現しました。フランスパンとよく合いますよ。

にんにく塩で作る
シュクメルリ

材料　2人分×2回

鶏胸肉…1枚（200g）
バター・オリーブ油…各大さじ1
にんにく塩（上記）
…大さじ2（約30g）
a［生クリーム…½カップ
　 水…1カップ
あらびき黒こしょう・
パプリカパウダー…各少量
フランスパン（好みで）…2切れ

作り方

下準備
鶏肉は一口大に切る。

焼く&煮る
なべにバターとオリーブ油を熱し、鶏肉の両面を焼く。**にんにく塩**、aを加えて中火で5分ほど煮る。

仕上げ
こしょう、パプリカパウダーをふり、パンを添える。

しょうが塩

しょうが　4〜5かけ（50gほど）
＋
塩小さじ1

あらみじん切りにしたしょうがと塩を混ぜ合わせる。

しょうがの辛味で、料理をキリッと引きしめます。アジのたたきなどの刺し身に合わせたり、冷ややっこにのせるなど。

しょうが塩を酢飯に混ぜた、暑い季節にぴったりなさっぱりしたごはんです。素朴だけど、味わい豊かです。

しょうが塩　で作る

しょうが飯

材料　2人分

温かいごはん…360g
しょうが塩（上記）…大さじ2（約30g）
酢…大さじ2
砂糖…大さじ1
焼きのり…全型½枚
シラス干し…30g
いり白ごま…小さじ½

作り方

下準備
温かいごはんに**しょうが塩**、酢、砂糖を加えてよく混ぜ合わせる。

仕上げ
器に盛り、のり、シラスをのせ、ごまを散らす。

栄養成分値一覧（1人分）

●「日本食品標準成分表2020年版（八訂）」（文部科学省）に基づいて算出しました。
●「塩ひとつまみ」の食塩相当量は次の量で算出しました ▶ 3本指＝1.0 g　2本指＝0.5 g　4本指＝2.0 g

章	ページ	料理名	エネルギー kcal	たんぱく質 g	脂質 g	炭水化物 g	食物繊維総量 g	食塩相当量 g	指の数（塩ひとつまみ） 本
1章	10	カツオと香味野菜の塩サラダ	173	26.3	6.6	0.8	2.7	0.6	3
	12	ホタテのセビーチェ	89	13.5	0.4	1.4	9.2	0.7	3
	14	ゴーヤーとミックスビーンズのカテージチーズあえ	137	9.9	7.4	8.2	6.6	1.2	3
	16	きくらげのにんじんおろしあえ	31	0.8	0.1	3.8	8.7	0.3	2
	17	レタスと玉ねぎののり塩サラダ	74	1.3	6.7	1.4	3.4	0.3	2
	18	ぶどうと洋梨の白あえ	104	3.6	3.5	1.9	16.9	0.5	3
	19	きゅうりとにんにくのあえ物	35	1.2	2.1	1.3	3.8	0.5	3
2章	24	まるごとかぼちゃのレンジ蒸し	105	2.6	0.4	4.7	27.8	0.2	2
	26	まるごと玉ねぎのレンジ蒸し	35	1.4	0.1	1.5	8.4	0.2	2
	27	まるごとなすのレンジ蒸し ヨーグルトがけ	46	1.6	3.1	1.8	4.7	0.3	2
	28	エビと小松菜のレンジ卵とじ	138	12.5	9.2	1.9	2.9	0.7	3
	30	豚バラ肉とズッキーニのレンジ蒸し	295	11.9	26.7	1.3	4.4	0.6	3
	32	牛肉と豆腐の塩麻婆	386	21.7	28.4	2.7	5.0	0.5	3
	33	鶏肉とじゃが芋のにんにくヨーグルト蒸し	304	18.9	21.0	5.3	14.4	0.8	3
	34	タイとセロリ、クレソンのマリネ蒸し	244	22.0	17.5	1.8	3.0	0.7	3
	35	エビとホタテのトマトカレー蒸し	136	20.8	2.7	2.1	9.0	0.9	3
3章	38	アスパラガスのポーチドエッグ添え	70	4.9	4.5	1.2	2.9	0.6	3
	40	豚しゃぶ肉とかぶ、わかめのさっとゆで	187	13.5	14.5	1.4	2.4	0.7	3
	42	にらのナムル	68	1.0	6.7	1.5	2.0	0.5	3
	43	せりとしいたけのはっさくあえ	58	2.1	0.2	3.5	13.9	0.5	3
		●おいしい「ゆで汁」							
	44	ゆで鶏ささ身（1本分）	24	5.6	0.2	0.0	0.1	0.3	3
	45	鶏ささ身のくるみあえ	207	9.4	17.4	2.1	4.4	0.6	2
	46	にんじんのポタージュ	55	2.3	2.1	1.9	8.9	0.4	-
	46	そら豆のポタージュ	92	7.4	2.1	1.7	12.4	0.4	-
	48	竹の子がゆ	92	7.4	2.1	1.7	12.4	0.4	3
	50	竹の子と豚肉、ねぎの春巻き	356	17.2	21.4	4.0	26.2	0.9	3
4章	54	アジの南蛮漬け	242	22.3	11.5	1.1	14.7	0.8	3
	56	鶏レバーの揚げ焼き	247	15.5	17.5	0.6	9.1	0.6	3
	58	ピーマンの肉詰め 酢こしょう添え	280	13.8	25.0	1.0	3.1	0.6	3
	60	トマトと卵のいため物	244	10.8	20.5	1.0	5.1	0.8	3
	62	イワシのくるみペーストはさみ焼き	413	22.6	32.7	1.5	9.1	0.7	3
	64	いんげんの豚肉巻き カレー風味（2本分）	182	8.9	15.4	1.5	3.4	0.5	3
	65	ポークソテー	254	15.9	20.3	0.7	3.0	0.6	3
	66	イカとスナップえんどうの塩いため	171	14.0	8.6	2.1	9.8	1.0	3
	67	れんこんのお焼き	176	2.7	12.1	2.1	15.6	0.4	2
	68	白菜と油揚げの蒸し焼き	69	3.2	5.5	1.4	3.3	0.5	3
	69	サバのゆず塩焼き	158	14.7	11.8	1.4	3.2	0.7	3
5章	72	牛肉とさつま芋の塩煮	324	14.4	11.7	2.9	33.5	0.7	3
	74	鶏ひき肉とまいたけのロールキャベツ	177	15.5	8.1	7.3	18.0	1.1	4
	76	なすのドルマ	289	12.2	22.3	6.1	16.1	1.1	4
	78	マグロとねぎの煮物	104	19.8	1.8	1.3	4.5	1.1	4
	80	ビーツ煮	29	1.2	0.1	2.0	7.0	0.3	2
	82	肉団子と白菜のスープ	285	23.2	21.7	1.7	5.8	1.1	4
	83	アサリとしめじのさっと煮	22	3.7	0.4	2.0	2.8	1.1	2
	84	そら豆と鶏肉のオリーブ油煮	404	38.4	20.7	3.5	20.7	0.6	3
	85	トマトとレンズ豆のスープ	157	9.4	2.7	7.5	28.1	1.0	4
	86	ビーフストロガノフ	791	29.0	39.7	3.8	86.5	1.2	4
	87	ヨージキ	424	20.4	30.5	2.7	22.6	0.8	3
フレーバー塩	89	カレー塩で作る　ビリヤニ	320	9.2	4.2	1.9	62.6	0.1	-
	90	レモン塩で作る　レモンとチーズのパスタ	301	8.0	13.4	2.0	39.3	2.4	-
	91	玉ねぎ塩で作る　チベット風そば	437	14.2	15.1	3.8	61.7	3.2	-
	92	にんにく塩で作る　シュクメルリ	530	28.7	34.9	1.9	28.8	2.3	-
	93	しょうが塩で作る　しょうが飯	330	8.7	1.2	3.3	73.0	2.0	-

あとがき

私はこれまで、旅を通して世界各国のさまざまな塩使いを学んできました。それで感じたことは、おいしい料理とは「素朴」で「簡単」であり、「身近な食材」で作るものだということです。

ロシアの「塩水（乳酸発酵）漬け」、トルコでは「塩、にんにく、ヨーグルト」の組み合わせ。中国の豆板《とうばん》（辣《らー》）醤《じゃん》は「そら豆、とうがらし、塩」から作られます。カンボジアでは「魚と塩」からできる魚醤、インドでは「スパイスと塩」が料理のかなめです。モロッコの「塩レモン」、メキシコのサルサは「トマト、とうがらし、塩」、ペルーのセビーチェは「ライムと塩」など、本書でもたくさんご紹介しています。塩をじょうずに使えるようになれば、世界じゅうどこでも喜ばれる料理を作ることができます。

いつも塩のことを話しているので、よく「どんな塩を使っているのですか？」と聞かれます。世界各地の塩を集めていますが、塩はとれる産地によってミネラルやその割合が異なり、乾燥や研磨の状態によって粒の大きさに差が出ます。「肉には岩塩」とか、「魚には海塩」などと使い分けをするかたもいるようですが、塩はもともと海水なのでそんなにこだわらなくてもいいというのが私の持論。使っているのは、東京の近海のあら塩です。なぜなら、食材は地産地消がいちばんで、自分が生まれ育った土地の食材が体に合うと信じているからです。世界じゅうでたくさんの人に料理を教わってきましたが、食材によって塩を使い分けることはほとんどなく、その土地で入手しやすい食材と塩を使っていました。ご自分の住まいに近い産地の自然塩を探してみるのも楽しいかもわかりません。

本書でご紹介している料理は、素材の味を最大限に生かすため、あえて「塩ひとつまみ」にこだわっています。また、従来の料理では「下味」「火入れ」「仕上げ」と2〜3段階に分けて塩をふることがあたりまえですが、究極の1回に絞りました。

糖分、油脂、酸味、スパイス、うま味のある素材とマリアージュさせたり、素材にじかに塩をふったり、煮つめて味を深めたりすれば「塩ひとつまみ」で充分なので、減塩を心がけている人にもおすすめできます。そもそも、おうちごはんは体にやさしいうす味が基本です。体も食材もたいせつにしたい！　塩ひとつまみで「元気に楽しく」暮らしましょう。

2021年7月　荻野恭子

荻野恭子

おぎの・きょうこ

料理研究家。世界65か国以上を訪れて現地の主婦やシェフに料理を習い、食文化の研究を続けている。中でも塩はライフワークの一つ。『手づくり調味料のある暮らし』（暮しの手帖社）ほか著書多数。

「私にとって塩は必需品。料理以外にもいろいろ役に立つんですよ。たとえば塩水でうがいをしたり、目を洗ったり、顔のパッティングに使ったり。歯をみがくときも塩を歯ブラシにつけたり、お風呂に塩を入れて温まったり、体をマッサージしたりと数え上げればきりがないくらい。台所仕事の中でも、塩でふきんを洗ったり、まな板の臭い消しに使ったり、なべをみがいたりと大活躍です。私が元気で、この歳になっても世界じゅうを旅できるのは、塩のおかげなのかもしれない。そう思いながら、今日も料理に塩を大事に使っています」

本書は月刊誌『栄養と料理』に掲載の記事を再編集し、新たに取材、撮影した記事を合わせて構成したものです。

撮影　鈴木泰介
今清水隆宏（32〜35、66、82、84ページ）
キッチンミノル（65、85、88〜89ページ）
スタイリング　久保百合子 ほか
料理アシスタント　関 由香
アートディレクション&デザイン　米持洋介（case）
構成・文　船本麻優美
校正　小野祐子
栄養価計算　戌亥理恵

塩ひとつまみ
それだけでおいしく

2021年9月15日　第1刷発行

著者　荻野恭子
発行者　香川明夫
発行所　女子栄養大学出版部
〒170-8481
東京都豊島区駒込3-24-3
電話　03-3918-5411（販売）
03-3918-5301（編集）
ホームページ　https://eiyo21.com/
振替　00160-3-84647

印刷・製本　シナノ印刷株式会社

ISBN 978-4-7895-4508-2 C2077